SAMIPATA AZHAKATHU

Aus dem Inneren

D1665890

Samipata Azhakathu

Aus dem Inneren

*Betrachtungen und Gedanken zum
Weiterdenken*

Paracelsus Buchhandlung & Verlag

Vorwort

Alles Leben entwickelt sich von innen nach außen. Dem Sichtbarwerden des Lebens geht eine unsichtbare Weise des Seins voraus.

Jedes äußere Wachstum ist sozusagen eine Sichtbarwerdung des inneren Wachstums, des Wandelns, der Veränderung. Der Impuls der Entwicklung, des Wachstums liegt im Inneren verborgen. Es ist egal, was man betrachtet: ob Pflanzen, Tiere, menschliches Leben, überall ist Bekanntes und Unbekanntes anzutreffen, äußerlich Sichtbares und innerlich geheimnisvoll Verborgenes.

Ahnend erkennt man überall und in allem die Anwesenheit des unsichtbaren Seins an dem wir selbst Anteil haben, oder dessen Lebens-Anteile wir ausmachen.

Die Texte in diesem Buch sind Gedanken-Erkenntnisse, die im Inneren entstanden durch sprachliche Ausdrucksmöglichkeiten ihren Weg nach außen gefunden haben.

Mögen sie den Leser zum Weiterdenken anregen, das von der Peripherie zur Mitte, von der Oberfläche nach innen, vom Sichtbaren zum Unsichtbaren führen kann. Um die sichtbare Welt wahrnehmen zu können, müssen wir unsere Sinne betätigen: die Augen öffnen, die Ohren spitzen, mit den Fingern berühren, den Geruch wahrnehmen, die Dinge auskosten. Ähnlich müssen wir unsere inneren „Sinne" gebrauchen um auf den Geschmack der geistigen, unsichtbaren Welt zu kommen. Wie Saint-Exupéry im *Kleinen Prinzen* den Fuchs sein Geheimnis enthüllen lässt: „Man sieht nur mit dem Herzen gut. Das Wesentliche ist für die Augen unsichtbar."

Inhaltsverzeichnis

Mutter Erde

Mutter Erde 8
Erde – Göttin 11
Der Amsel Treiben am Holunderstrauch 12
Das Samenkorn 14
Das Hängenest 16
Hummeln am Kastanienbaum 19
Gesang der Amsel 20
Die Ordnung 21
Vom Zug aus 22
Herzschläge 24
Abendstunde im Sommer 26
Spiel des Windes 28

Das geheimnisvolle Wesen – Mensch

Der Mensch 32
Des Lebens Anfang 34
Einzigartigkeit des Menschen 36
Lebenslauf 37
Unser Leben – ein Pilgerweg 38
Entdeckung 40
Wahrheiten 41
Erdenbürger 42
Geburt und Tod 44
Das Leben 45
Willst du ein Liebender sein 46
Nur du 48

Der Natur abgelauscht

Herbst 52
Ein Oktobertag 53
Der Blätter Fall 55
Der erste Schnee 56
Schneeflocken 58
Der Raureif 59
Entlaubter Baum 60
Beziehung des Baumes 62
Vom Regen gewaschen 63
Nach dem Regenguss 64
Waldspaziergang 66
Im Herbstwald 70

Am Himmel

Spiel am Himmel 74
Bewegung im Weltall 76
Zeit-Teile 77
Stummheit des Lichtes 78
Hunger nach Licht 80
Vor dem Abendrot 82
Sonnenuntergang 83
Erhabenheit der Sonne 85
Im Sonnensystem 86
Dreiklang der Liebe 88
Das Sonnenlicht 91
Ein neuer Schöpfungstag 92

Wesentliches

Gefühle 96

Freiheit über Gefühle 98

Undankbarkeit 99

Wahrheit macht frei 100

Hunger 101

Ursprung der Kraft 102

Kleine Pflanze – Sehnsucht 104

Zwischenraum – Zwischenzeit 106

Das Jetzt 107

Du kannst nicht festhalten 108

Wie stabil bist du? 111

Inneres Wissen 113

Mutter Erde

In Kerala/Indien

Mutter Erde

Erde,
du Mutter aller Wesen,
die dich bewohnen,
Mutter der Pflanzen und jeglichem Grün,
Mutter des Apfelbaumes und der Olive,
des Feigenbaumes und der Kokospalme.

Du bist Mutter der starken Eiche
und der immergrünen Tanne,
der Buche und der Akazie,
ebenso des Teakbaumes.

Du bist Mutter des zarten Gänseblümchens
und der zierlichen Glockenblume.
Du Mutter des Enzians und Edelweißes,
du Mutter des Weizens und des Reises,
du Mutter des Maises und des Roggens.

Du Mutter aller lästigen Fliegen
und der lieblichen Schmetterlinge,
aller Hummel, Hornissen und Wespen.
Du Mutter aller kriechenden, laufenden
und fliegenden Wesen.

Du Mutter aller Vögel die sich behände
in der Luft bewegen.
Du Mutter allen Lebens,
das sich im Wasser tummelt.

Du Mutter aller Menschen,
die da wandern zu ihrem ewigen Ziel.
Ich beuge mich vor dir
in Ehrfurcht und Dankbarkeit.

Im Garten von Getsemani

In Kerala, Ufer des „Periyars"

Erde – Göttin

Erde, Mutter bist du und Göttin,
denn du hast viele Kinder geboren,
bringst vieles hervor
mit der Gottheit Kraft.

Du bist Mutter aller Menschen,
die du geboren, die dich bebauen,
die dich bewohnen, die dich umpflügen,
die da säen und ernten, sich sättigen,
die da lachen, die da weinen,
die da leiden, die da sterben.

Alle nimmst du wieder auf in deinen Schoß,
hüllst sie ein mit deinem Mantel.
Dies dein Werk wirst du vollbringen,
bis heimgekehrt ist das letzte deiner Kinder.

Der Amsel-Treiben am Holunderstrauch

Im frühen Morgengrauen wo die meisten Menschen
noch in Morpheus Armen ruhen,
sind die Amseln hell erwacht.
Die langsam aufsteigende Morgenröte
hat sie aufgeweckt.
Nun fliegen sie aus den umstehenden Bäumen,
trillernd bewegen sie sich in Richtung Hollerstrauch.
Sie rufen, sie zwitschern, sie pfeifen,
versammeln sich am Holunder.
Die dunkelblauen Beeren, heißbegehrt,
angeordnet zu Dolden, gefüllt mit rotem Saft,
werden eiligst aufgepickt.
An des Strauches Spitze hängen offenbar
die besseren Beeren,
denn die Aufmerksamkeit der Amsel deutet dorthin.
Das Amselgewicht ist zwar nicht viel,
doch die zarten Äste sind gebaut
für das Beerengewicht.
Die Amsel muss in die Höhe springen,
fliegend, flatternd versuchen
eine köstliche Beere flink zu erwischen
mit ihrem gelben Schnabel.
Unter ihnen scheint es eine Rangordnung zu geben,
die Oberamsel hält Ernte am obersten Zweig,
die Unteramsel am untersten- und Nebenzweig.
Die Verwundungen und das Fehlen der Halsfedern
deuten hin auf ihre Unterlegenheit.

Ein Spatz kommt vorbei,
eine Meise setzt ihre Füße
an den Holunderstrauch
bloß als unbeteiligter Beobachter
des emsigen Amseltreibens.
Wer hat die Amsel unterrichtet
über die Heilkraft der Holunderbeeren?
Von wem erhielt sie die Kunde
von ihrer Nahrhaftigkeit?

Das Samenkorn

Das Samenkorn liegt ausgesät in der Erde,
wartend auf den günstigen Augenblick,
um des Kornes Hülle aufzubrechen.
Es braucht dazu des Wassers Nässe
und den milden Sonnenschein.
Dann macht es wie ein Küken,
das die Eierschale von innen peckt,
sprengt das Gehäuse,
sein bisheriges Zuhause.

Zuerst kommen draus die Beine,
die sich als Wurzeln tief in die Erde graben,
dann folgt der Kopf, der Futter-Speicher.
Nun steht der Keimling gebeugt nach unten.
Viele Sonnenstrahlen müssen sich bemühen,
der zarte Windhauch ihn lange anblasen,
damit er langsam sich aufrichte,
und seinen Blick nach oben wende.

Welch ein wunderbares Geschehen,
ein doppeltes Wachstum ist hier zu sehen:
nach oben in die Höhe,
nach unten in die Tiefe.

Geburt einer Pflanze

Maisfeld in Aspach/OÖ

Das Hängenest

Einige Vögel in buntem Federkleid
haben sich versammelt.
Sie wollen gemeinsam ein Nest erbauen.
Den Plan dazu tragen sie in sich,
den Ort haben sie gefunden:
ein waagrechter Zweig am Strauche
wurde dafür passend befunden.
Nicht zu niedrig aus Rücksicht auf Katzen
und vorbei streunende Hunde,
stark genug um das Eigengewicht
und das der Nachkommen zu halten.
Schwach genug um den Mungos
das Klettern zu erschweren,
die nach Beute suchend
die Sträucher durchstreifen.
Das Baumaterial holen sie sich
von den nahen Feldern,
Grashalme und Blätterwerk von Wiesen.
Pflanzenfasern werden befestigt
mit Knoten und Schlingen
geschickt an dem Zweig.
Nun geht es an die Weberei.
Meisterhaft arbeiten sie an ihrem Werk,
das Gesetz des Webens beherrschen sie gut.
Genau berechnet ist die Tragfähigkeit des Zweiges,
wie die Biegsamkeit, Länge, Stärke,
Breite des Web-Materials.

Flink geht es nun dahin
drunter und drüber.
Alles mit ihren kurzen, starken Schnäbeln
bis entsteht ein fehlerloses Kunstwerk,
hängend an einem zarten Strauches Zweig.
Staunenswert ist ihr innewohnend Wissen
um das Hängenest
und dessen gekonnte Ausführung.
Dies alles geschieht miteinander
ohne jeden Streit und Hader.

Ein prachtvoller Kastanienbaum in Egerkingen/Schweiz

Hummeln am Kastanienbaum

Kaum zu glauben
  Wie behänd sie fliegen
  Von Blüte zu Blüte
  Die pelzigen Brummer
  Hoch an den Kerzen
  Am Kastanienbaum.

Pummelig wie sie sind
  Schwanken sie hin und her
  Naschend am Nektar
  Wie berauscht von Blütentropfen
  Gesättigt von Pollen
  Brummen sie nun selig, die Hummeln.

Ihr Surren klingt
  Wie eine dankbare Gegengabe
  An den Kastanienbaum
  An seine Blüten
  Für die Freigebigkeit
  An ihren gemeinsamen Schöpfer!

Der Amsel Gesang

Auf des Baumes höchsten Wipfel
Sitzt im dunklen Federkleid die Amsel
Sie streckt sich und reckt sich hoch
Und pfeift keck ihre Melodie.

Sie pfeift auf die Autofahrer
Sie pfeift auf die Fußgänger
Sie pfeift auf die Ampeln
Sie pfeift auf die Zebrastreifen.

Sie pfeift einfach auf alles,
denn sie hat ihre eigene Melodie.

Die Ordnung

Die Sonne geht auf,
die Sonne geht unter,
vom Himmel sendet sie
ihre Strahlen herunter.

Die Erde umwandert die Sonne,
sie hält fest an ihrer Geschwindigkeit.
Der Mond umkreist die Erde,
nie entfernt er sich von ihr.
Die Sterne ziehen ihre Bahnen,
alles geht nach Gesetz und Ordnung.

Nur der Mensch ist nicht gewillt,
seine Ordnung,
sein inneres Gesetz zu erkennen
und schafft Unordnung und Chaos.

Vom Zug aus

Schneebedeckte Berge
Weißglitzernd an der Spitze
Von der Glanzheit der Sonne
Verschönert von Eiszapfen
Verträumtem Wasser
Vergessen zu fließen.

Am blauen Himmel
Wenige Wolken
Getroffen vom Licht
Verloren in der Weite
Geschoben vom seichten Wind
Suchend das Wohin.

Nadelbäume, gekleidet in Grün
Dicht aneinander
Halten die Hände
Strecken die Köpfe
Der Sonne entgegen
Einladend ihre Strahlen
Abwendend ihre Wärme
Von weißen Schneekristallen
Damit ihre Gestalt
Lang erhalten bliebe
Und diese Schönheit des Berges bewahre.

Auf der Zugfahrt durch Tirol

Herzschläge

Das Herz hat seinen Rhythmus,
jedes Herz seinen eigenen.

Das Spatzenherz schlägt in einer Minute 800 Mal,
das Mauseherz 600 Mal,
das Herz im Meerschwein schlägt
200 Mal in der Minute,
das in der Katzenbrust 130 Mal.
Das Hundeherz schlägt 100 Mal in der Minute,
das Herz des Pferdes 40 Mal.
Das Herz in einem Elefanten schlägt 25 Mal
und das Menschenherz etwa 72 Mal.

Das Herz der Erde, wie oft schlägt es,
und wie lange?

Wenn das letzte Herz auf der Erde
für seinen letzten Schlag sich anschickt,
zaghaft und bebend zugleich,
wird die Erde ihren letzten Herzschlag dazugeben,
damit es kraftvoll und heldenhaft geschehe,
ihr letztes, gemeinsames Werk!

Auf der Insel Mainau

Eine vertraute Katze von Aspach

Abendstunde im Sommer

Lautstark dröhnen die Musikklänge
zum Fest aus der Stadt-Mitte,
begleitet von Schlagzeugen mit Verstärker.
Auf der Straße rasen die Motorradfahrer,
zeigend ihr Können,
die Marke ihrer Maschinen
durch Geräusche und Lärmes-Stärke.
Autos bewegen sich,
wie eine Schlange zischelnd, fauchend,
verschiedene Töne produzierend,
gebremst, gelenkt
von der rot-gelb-grünen Ampel.
Jugendliche amüsieren sich
hörbar miteinander.
Kinder jauchzen, sie schreien,
sie rufen nach ihrer Mama.
Der ganzen Stadt ist
Festlichkeit angesagt.

Über allem menschlichen Getriebe
und unbeeindruckt von ihm
sitzt die Amsel an ihrem gewohnten Platz,
am Wipfel der Fichte.
Sie lässt ertönen ihren hellen Gesang.
Auch das Rotkehlchen zwitschert
seinen wiederkehrenden Reim
lieblich und besonnen.

Wie frei sind die Vögel,
denn sie sind gebunden an ihrer Ordnung.
Morgenlob und Abendgesang
gehören zu ihrem Lebensrhythmus.

Morgenlob und Abenddank –
sollten diese nicht den Tageslauf
des Menschen zieren?

Sonnenuntergang in Aspach

Spiel des Windes

Der Wind spielt mit den Bäumen
Er bringt sie zum Lachen
Sie schütteln ihre Köpfe im Jubel
Er setzt sie in Bewegung
Er wiegt sie wie eine Mutter ihr Kind
Er raunt sein Lied in ihre Ohren
Er summt, er singt sein Wiegenlied
Er streicht und streichelt sie
Er spielt mit den Zweigen
Er tanzt mit ihnen
Er flüstert
Er pfeift seine Melodie
Mal heult er wie eine Sirene
Mal unterhält er sich mit ihnen im Flüsterton
Die Blätter recken ihre Spitzen
Um der Windesbotschaft zu lauschen
Die vorbeisäuselt
Kaum vernehmbar
Zart

Blick auf vertraute Berge von Amalagiri/Kerala

Das geheimnisvolle Wesen Mensch

Zwillingskinder vor der Grabeskirche in Jerusalem

Der Mensch

Ein geheimnisvolles Wesen
ist der Mensch,
am unbekanntesten
ist er sich selbst.

Er wandert zwar
auf Erdenboden,
sein Innerstes ist verankert
in ewigen Sphären.

Unersättlich ist
stets sein Wünschen,
des Herzens Sehnsucht
kennt keine Grenzen.

Das Schwanken und Wanken
gehört zu seiner Natur,
doch dabei entsteht seine
persönliche Lebenspur.

Unterwegs in der Nockalm-Gegend

Des Lebens Anfang

Des Lebens Anfang ist die Einheit
Der Anfang des Lebens ist
Die Einheit in der Liebe

Der Anfang des Lebens ist
Die Liebe
Im Miteinander
Das Miteinander
Im Füreinander
Das Füreinander
Im Ineinander
Die Einheit
Und Einigkeit in der Liebe
Das Miteinander-Verschmolzen -Sein
In Liebe
Das Sich-Vergessen
Im anderen

Liebe – Ursprung jeglichen Lebens
Liebe – göttliche Natur!

Kind am Arm seiner Mutter in einer gemütlichen
spielerischen Runde/Kerala

Einzigartigkeit des Menschen

Der kleine Mensch,
ein winziger Punkt im Weltall,
eine Eintagsfliege im Vergleich
zu gigantischen Massen
und Entfernungen,
trägt etwas
Sonn- und Sternenhaftes in sich.

Stets entwickelnd,
wachsend und reifend,
hat er Teil am Unwandelbaren,
am Ewig-Bleibenden.

Lebenslauf

Unser Leben läuft ab zwischen zwei Punkten:
Dem Startpunkt, dem Geburtstag
und dem Endpunkt, dem Todestag.
Unser Lebensweg erstreckt sich
vom Geburtspunkt zum Todespunkt.
Wir gehen, wir wandern
von einem Punkt zum andern.
Wir laufen die uns abgesteckte Strecke.

Keiner kann stehen bleiben,
niemand wird sitzen gelassen,
denn du stehst wie auf einem Fließband,
das sich von selbst nach vorne bewegt.
Auch kannst du nicht schneller eilen.
Zappeln und Ungeduld
rauben dir nur Kräfte,
erzeugen schlechte Laune und dicke Luft.

Doch eines kannst du gewiss machen:
den Rhythmus
des fließenden Lebens entdecken,
seinen harmonischen Lauf erkennen
und mit ihm Schritt halten,
mitschwingen,
mitführen lassen
über die Schwelle hinaus.

Unser Leben – ein Pilgerweg

Das große Lebensziel im Hinterkopf
Das kleine Tagesziel vor Augen
Ein Schritt nach dem andern
Ein Tag nach dem andern
Ein Werk nach dem andern

Langsam bahnt sich der Lebensweg
Langsam vervollständigt sich das Lebenswerk
Langsam entsteht die Lebensspur
Des letzten Tages Ziel erfüllend
Läuft es ein in das große Lebensziel!

Auf dem Weg nach Santiago di Compostela

Entdeckung

Es gibt noch was zu entdecken:
Nicht die höchsten Gipfel der Berge,
nicht den tiefsten Grund im Meer,
noch die verborgenste Oase der Wüste.
Alles ist schon längst
vom Menschen durchforscht,
überall sind Menschenschritte eingedrungen,
auch über dem Horizont der kleinsten Insel
klebt der Hauch menschlichen Atems.
Sonne, Mond und Sterne
nimmt der Mensch in sein Visier.

Bloß seine eigene Herzensmitte
ist dem Menschen nicht vertraut,
den Ort seiner Balance sucht er nicht auf,
er bleibt ihm fremd und fern,
obwohl so intim und nah.
So geht er herum, debalanciert,
wankend, schwankend,
Unruhe stiftend,
den Abglanz seiner inneren Unruhe
und Ratlosigkeit
nach außen tragend,
getarnt als Weltbeherrscher,
getarnt als Weltverbesserer,
getarnt als Friedensstifter.

Wahrheiten

Menschen können
keine Wahrheiten schaffen.
Sie finden sie vor.

Wahrheiten sind einfach da.

Menschen können
sich den Wahrheiten zuwenden,
oder ihnen den Rücken kehren.

Man kann sich
ihnen nähern
oder vor ihnen fliehen.

Man kann sich
ihnen öffnen
oder sich vor ihnen verstecken.

Sich von ihnen leiten lassen
oder der Lüge verfallen.

Erdenbürger

Du bist ein Erdenbürger hier
mit Seinsrecht
auf diesem Planeten.
Du bist weder sein Beherrscher
noch sein Besitzer.

Ein Gastrecht ist
dir eingeräumt,
ein Benützungsrecht der Erdengüter,
bis du sie nimmer brauchst
und von dannen ziehst.

Junger Mann mit Zicklein am Arm in Amalagiri/Kerala

Geburt und Tod

Der Eintritt des Menschen auf die Erde
ist mit Schmerz verbunden.
Die Geburt wird von Wehen eingeleitet,
durch die Presswehen wird die Leibesfrucht
aus der bisherigen Geborgenheit hinausgetrieben.
Sie muss den engen Geburtskanal passieren,
um das Licht der Welt zu erblicken.
Es bedeutet Wehen, Schmerz,
sowohl für Mutter als auch fürs Kind.
Doch beider Schmerz wird bald vergessen sein
und verwandelt in Freude,
in der umarmenden Zuwendung der Mutter.

Ein natürliches Ereignis ist unter den
Erdbewohnern die Geburt,
doch sie trägt Ähnlichkeit mit dem Tod.
Beides hat mit etwas Unbekanntem zu tun.

Geburt: ein Kommen ins Unbekannte
durch einen „Kanal"
Tod: ein Gehen ins Unbekannte
durch einen „Tunnel"

Beides begleitet vom Schmerz.
Geburtswehen und Todeskampf,
Zwei Seiten des einen Lebens.

Das Leben

Das Leben wird oft Kampf genannt,
doch es ist kein Kampf.
Es ist auch kein Kampfplatz,
denn beim Kampf – im Krieg –
gibt es
Besiegte und Sieger,
Verlierer und Gewinner,
Verletzte und Tote.

Das Leben bedeutet vielmehr eine Schule:
Eine Schule der Liebe.

Hier gilt es zu erlernen:
die wahre Gottesliebe,
die richtige Eigenliebe,
und die selbstlose Nächstenliebe,
eingeschlossen die Feindesliebe!

Willst du . . .

Willst du ein Liebender sein,
    so verbinde dich mit dem Liebenden.

Willst du ein lichter Mensch sein,
    so verbinde dich mit dem Quell allen Lichtes.

Strebst du Unsterblichkeit an,
    so verbinde dich mit dem Unsterblichen.

Strebst du Ewigkeit an,
    so verbinde dich mit dem Ewigen.

Tritt in die Gesellschaft mit Ihm,
    denn Unsterblichkeit erlangst du nur vom
        Unsterblichen.

Ewiges Leben von dem Ewig-Lebenden,
    Licht und Klarheit nur von dem
        Einen Ewigen Licht.

Ein Vergnügen nach dem Angekommensein in
Santiago di Compostela/in Fisterra, Spanien

Nur du

Mit deinen Augen siehst nur du
Mit deinen Ohren hörst nur du
Mit deinen Lippen sprichst nur du.

In deinen Gedanken denkst nur du
In deinem Atem atmest nur du
In deiner Stimme klingst nur du.

Mit deiner Zunge schmeckst nur du
Mit deinen Füßen gehst nur du
Mit deinen Händen handelst nur du.

Darum halte alles heilig
  dein Tun und dein Nichttun
  dein Denken und dein Sagen
  dein Reden und dein Stillesein.

Ein Kind, das soeben fotografiert wird in
Guadalupe/Mexico

Zwei jüdische Knaben bei einer Feierstunde in Jerusalem

Der Natur abgelauscht

Landleben in Aspach/OÖ

Herbst

Die Blätter fallen
sie verlassen die Bäume
die Bäume lassen sie los
sie entkleiden sich
ihres Schmuckes.
Das Herannahen des Winters ahnend
bereiten sie sich vor.
Sie sammeln ihre Lebenssäfte
nach innen.
Sie ziehen sich zurück ins Innere.
Sie sind konzentriert
auf das Wesentliche
und warten auf das Kommende.

Ein Oktobertag

Die Bäume haben die Farbe
ihrer Gewänder geändert.
Das Grün des Blattwerkes
ist nicht mehr zu sehen.
An seine Stelle sind
das Gold-Gelb und Orange,
das Feuerrot und
Kastanienbraun getreten.
Das milde Licht der Herbstsonne
lässt sie noch prächtiger
und sonnenähnlicher erscheinen.
Ein lauwarmer Südwind rauscht
vorbei an den Blättern,
er streift sie und schüttelt an ihnen.
Offenbar hat er seinen Spaß
an den locker sitzenden Blättern
zu rütteln,
sie vom Aste zu reißen.
Nun fliegen sie
auf den Flügeln des Windes
bis sie, von ihm abgeworfen,
landen auf dem Boden.

Am Lendkanal/Klagenfurt

Im Goethepark/Klagenfurt

Der Blätter Fall

Die Blätter fallen,
sie trennen sich vom Mutterbaume,
der sie einen Sommer lang
hat ernährt,
gehalten,
der sie teilnehmen ließ
an seinem Lebenssaft
und seinem Schicksal.

Mit dem Winde eilen sie hin,
tanzend drehen sie sich in der Luft,
angeeifert vom Winde
bewegen sie sich graziös
um zu landen auf dem Erdenboden,
laut- und schwerelos,
um versammelt zu werden
mit denen, die dort liegen.

Der erste Schnee

Der erste Schnee hat etwas Faszinierendes,
etwas märchenhaft Anziehendes.
Er verlangt nach
ungezwungener Aufmerksamkeit,
ruft nach Gewahr werden eines
lautlosen Geschehens.
Weiße Flocken fallen lose herunter,
eine nach der anderen,
von der Himmeldecke.
Die wenigen fahlen Blätter,
verblieben an den Bäumen,
werden bald bedeckt sein
von den zarten Flocken,
die sich setzen,
eine auf die andere,
eine neben die andere,
Hand in Hand,
Kopf an Kopf.

Schneetreiben in Klagenfurt (vom Balkon aus)

Schneeflocken

Der Schnee verleiht der Landschaft
ein anderes Gesicht,
erzeugt im Gemüt
eine andere Stimmung.
Es ist eine kalte Freude,
den in der Luft tänzelnden Kristallen
nach zu sehen
bis sie landen, irgendwo
und sich gesellen zu ihres Gleichen.
Die eiskalten kleinen Flocken,
soweit entfernt von der Sonne,
doch funkeln sie wie Sterne
antworten auf den milden Sonnenschein
                    mit ihrem Glitzern.

Der Raureif

Wer hat die Bäume so weiß gemacht,
während der dunklen Nacht
die einsamen Sträucher besucht?
Alles ist voll von feinen Eiskristallen,
denn der Reif hat sich heimlich abgesetzt
bis an die kleinsten Zweige,
an die schlafend ruhenden Knospen
gehüllt gehalten
in ihrem pelzigen Mantel braun,
gehemmt gehindert
am zu frühen Erwachen.

Kein Malermeister der besten Schule
kann so ein Werk vollbringen,
nichts übersehend,
nichts als gering achtend,
nicht störend den Schlaf
der Wartenden,
vom zarten Winde gewiegt,
auf den Frühling.

Gewaltig schön so ein Naturereignis,
ein zur Gewohnheit geschautes
Wunderspiel
vieler unsichtbarer Kräfte.

Entlaubter Baum

Wie dürr und fast leblos hält er
seine nackten Arme in die Höhe,
ausgestreckt die knöchrigen Finger.
Die Blätter haben den Baum
schon längst verlassen,
sie haben sich von ihm losgemacht.
Nun steht der Baum da wie ein Skelett, entseelt,
ausgesetzt dem Spiel des Windes,
ausgesetzt dem Prasseln der Regentropfen,
ausgesetzt dem Treiben der Schneeflocken.
Auch der Besuch der Vögel ist seltener geworden,
er hat ihnen nichts mehr zu bieten,
weder nährende Früchte
noch Schutz im Blätterwerk.
Dann und wann wird er noch benutzt
als Zwischen-Rastplatz
für vorbeifliegendes Federvolk.

Der Baum nun arm und nackt,
beraubt seiner Blätterpracht und Fülle,
wehrlos und schutzlos da steht,
treten die milden Frühlingsstrahlen
ungehindert an ihn heran.
Sie umarmen ihn, sie streicheln ihn mit Zartheit
und die schlafenden Knospen an ihm
werden zu neuem Leben geküsst.

Ein entlaubter Feigenbaum am Ölberg/Jerusalem

Beziehung des Baumes

Der Baum steht in Beziehung zum Boden,
seine Wurzeln, festgewachsen in der Erde,
halten ihn in der Höhe.
Sträucher und kleine Pflanzen stehen
in Beziehung zum Baum,
sie suchen seine Nähe, seinen Schatten.
Efeu und Klettergewächse benützen ihn
um selbst hochzukommen.
Untereinander in Beziehung stehend
bilden die Bäume den Wald.
Gemeinsam halten sie stand
dem Unwetter, Sturm und Wind,
bieten dem Reh und Hasen ein Zuhause.

Der Baum unterhält Beziehung zur Sonne,
ebenso die Sonne zum Baum.
Gemeinsam produzieren sie köstliche Früchte
für Mensch und Tier.
Mehrfach in Beziehung stehend
erfüllt der Baum seinen Dienst
ohne Belohnung
und ohne Frage nach Warum!

Vom Regen gewaschen

Des Himmels Schleusen sind geöffnet
Für eine Zeit lang
Daraus springen Regentropfen herab
Unzählig an Zahl.
In der Windstille fallen sie
Schnurstracks herunter
Klopfend waschen sie den Kirchturm
Samt seinem goldenen Kreuz an der Spitze
Ebenso der Häuser Dächer
Und deren Mauern.
Gewaschen werden die Autos
An den Straßen
Die Züge auf ihren Schienen
Alles erfährt eine Säuberung
Waschung, Staub-Befreiung.
Gewaschen wird der Baum
An seinem Stamm und Geäst
Nichts wird übersehen
Nichts übergangen
Auch in die kleinste Rille
In jede Ritze dringen sie ein.

Welch eine Wohltat
Eine Himmelsgabe
Der Regen auch in diesem Aspekt
Seiner reinigenden Kraft-Tätigkeit.

Nach dem Regenguss

Der langersehnte Regen,
herbeigewünscht von Landwirten und Gärtnern,
noch mehr von allem Grüngewächs und Gräsern,
ist nun vorbeigekommen mit seinen
unzähligen Segens-Tropfen,
die niedergingen auf alle Durstigen,
auf die winzig-zaghaft Kleinen,
ebenso auf die hoch, Groß-majestätischen.
Nun rüttelt der leise Windhauch
an den erfrischten Blättern zart,
schüttelt das Zuviel an Nässe herab
und trocknet sie.
Die Sonne sendet ihre milden Strahlen dazu,
sie will, scheint's, dem Wind behilflich sein
bei seinem Werk.
Neu gestärkt von innen,
haben die Kastanienkerzen an den Bäumen,
rot und weiß, ihre aufrechte Haltung eingenommen.
Die Vögel haben wieder ihren Gesang aufgenommen,
aus ihren Verstecken herausgekommen,
trillern sie umso kräftiger
aus allen Leibeskräften.
Wer lauscht, kann die Heiterkeit
in ihrem Stimmgewirr nicht überhören,
wird mitgerissen von einer tief-dankbaren
Ergriffenheit.

Nach dem Regenguss

Waldspaziergang

Der Wald kennt mich,
    meine Schritte, meinen Atem.
Die Buchen und Kastanien
    winken mit ihren Blättern,
Die Föhren und Fichten
    zählen mich zu ihren Bekannten.
Den Haseln und Brombeersträuchern
    ist mein Kommen vertraut.
Der Eichelhäher macht sich bemerkbar
    durch seinen lauten, kreischenden Ruf.
Rotkehlchen und Drosseln zeigen sich
    hüpfend am Boden.
Der Buntspecht am Baum legt eine Pause ein
    beim Klopfen
    und schaut anerkennend herab.

Waldweg am Kreuzbergl/Klagenfurt

Ich kenne die Steine am Weg
die losen kleinen,
ebenso die im Boden festsitzenden
und die wie zu Stufen eingespannten
Baumwurzeln,
die dem Wanderer einen Halt geben.
Die Flechten und Moose,
die den Boden weich halten
wie einen Teppich.
Den Efeu,
der den Baum umarmend hochklettert,
die kleinen und großen Zweige,
verdorrte Äste,
abgebrochene, morsche Stämme,
Baumstümpfe,
erobert von Moos und Schwämmen.
Kastanienhüllen,
allerlei Zapfen und Laubwerk,
verschiedenfärbige Pilze.

Der Wald, der Wald,
wenn ich darin spaziere,
gehöre ich zu ihm
und er zu mir.

Am Kreuzbergl/Klagenfurt

Im Herbstwald

Die Bäume bereiten sich vor für den Winter.
Die Blätter fahl geworden,
liegen schon an ihrem Bestimmungsort darnieder.
Die Kastanien springen aus ihren Gehäusen,
die Eicheln werden von der Höhe abgeworfen,
die Buchecker landen frei zu Boden.
Es ist ein ständiges Nieseln, ein Rieseln,
ein Fallen von den Bäumen,
ein Rascheln, ein Knacksen, ein Reißen,
ein Ziehen, ein Brechen, ein Ächzen an ihnen;
ein Klopfen, ein Kreischen, ein Pfeifen,
ein Rufen, ein Flattern ein Picken,
ein Hüpfen der Baumbewohner.

Der Wald, voll des Lebens
ist beim Vorbereiten auf den Winter,
beim Vorübergang
vom Gewesenen
hin zum Kommenden.

Herbst am Kreuzbergl

Am Himmel

Himmel über Klagenfurt

Spiel am Himmel

Blauer Himmel im Hintergrund,
Wolken leuchtend
weiß bis grau im Vordergrund,
spielen ihr Spiel
angeführt von einem unsichtbaren Spielleiter,
dem Wind.
Er schiebt sie zueinander,
treibt sie auseinander,
setzt sie wieder neu zusammen.
Die Gestalten wandeln,
sie verändern sich im Nu, sie wandern.
Vieles kannst du in ihnen entdecken,
Schafe und Hunde, Hasen und Bären,
Engel mit ausgebreiteten Flügeln,
mit gefalteten Händen,
Hexen mit ihren Besen
und krummen Nasen.
Auch in der Sonne ist die Lust
zum Spiel erwacht.
Sie kleidet die Wolken immer neu ein,
unermüdlich steckt sie sie in buntgeworfene
Kostüme.
Es ist ein stetes Treiben, ein Spiel
am blauen Himmel
vom Herrn Wind und der Frau Sonne
mit den leicht-leibigen Wolken,
bis sie endlich ermüdet
sich verflüchtigen in die weite Ferne.

Sonnenuntergang/Klagenfurt

Bewegung im Weltall

Die Erde rast durch das Weltall
zu schnell, dass wir ihre Geschwindigkeit
wahrnehmen,
zu gewohnt an ihre Regelmäßigkeit.
In gleichbleibender Geschwindigkeit
um sich selbst kreisend begleitet sie der Mond
auf ihren Rundgang um die Sonne.
Auch sie, unser Muttergestirn,
die Spenderin des Lichtes und der Wärme
rast mit enormer Geschwindigkeit.
Sie ist unterwegs mit all ihren
Planetenkindern und deren Monden,
kreist um das Zentrum der Milchstraßengalaxie.
Die Milchstraße selbst dreht sich
unablässig mit all ihren vielen Galaxien.
Es sind Wunder von Raum und Zeit,
Spiel von Materie und Nichtmaterie.
Milliarden und Aber-Milliarden Sterne,
Feuerbälle, Himmelslichter,
zueinander geordnet, aufeinander bezogen,
in harmonischer Ordnung und Gesetzmäßigkeit.

Einmaligkeit in Wiederholungen,
das Sich-wandernde Standhalten,
Kraft, die alles zusammen hält,
und jedem seinen freien Lauf lassend!

Zeit – Teile

Wir haben Begriffe wie
Jahr
Monat
Woche
Tag
Stunde
Minute
Sekunde

Gefäße der Ewigkeit
Zeit-Teile
Ewigkeitsblicke
Antlitze der Ewigkeit
Zugewandt dem
Irdischen Leben

Stummheit des Lichtes

Das Licht spricht nicht
Es ist zu sehen
Es lässt sehen
Es macht Verborgenes bekannt.

Lautlos ist sein Eintreten
Doch du kannst es nicht übersehen.
Das Licht spricht nicht
Es wärmt mit seinen milden Strahlen
Es erweicht die härtesten Dinge
Macht flüssig das zu Eis Erstarrte.

Das Licht enthält keine Samen
Keine Materie
Alles ist rein in ihm
Doch versteht es überall einzudringen
Die unfruchtbarsten Dinge zeugend
Sie entwickelnd und fruchtbar machend.

Waldspiegelung am Teich/Klagenfurt

Jungbäume/Klagenfurt

Hunger nach Licht

Alles Leben strebt nach Licht.
Jede Pflanze orientiert sich nach der Sonne,
nach der Lichtquelle.
Nicht nur die Sonnenblume,
die ausdrücklich mit ihrem Namen
ihren Sonnen-Hunger betont.
Jedes noch so kleine Leberblümchen
wendet sich der Sonne zu
und das winzige Gänseblümchen
öffnet sich den Sonnenstrahlen.

Auch der Mensch hat Sehnsucht und Hunger
nach Licht und dessen Quelle.
Nicht nur wie die Blume,
die sich streicheln lässt
und wie betrunken wird von dem wärmenden Licht.
Im Tiefinneren seines Wesens
flackert eine Sehnsucht,
die brennt wie eine unheilbare Wunde,
erfassend alle Schichten des menschlichen Seins,
die nur zu stillen ist
von der Urquelle allen Lichtes,
zu heilen, von der Berührung des Ewigen Lichtes!

Im Garten von Getsemani/Jerusalem

Vor dem Abendrot

Kein Tag gleicht einem anderen,
keine Morgensonne gleicht einer der gewesenen.
Kein Abendrot gleicht dem eines anderen Tages.
Die Vielfalt, die Fülle,
die Farbtöne, die Lichtspiele.
Die Wolken, lichte und dunkle,
bunte und graue,
ganz im Licht schwebende,
von der Finsternis umarmte.
Schönheit, Einzigartigkeit, Pracht, Fülle,
eine Mischung von all dem,
eine Wechselbeziehung zu Allem,
einbeziehend den Betrachter.
Die Sprache schweigt,
Worte stumm, Gedanken fern.
Der ganze Mensch wird in Anspruch genommen,
wird wie trunken von einer Wirklichkeit,
nicht wahrnehmbar für die Sinne.
Er sieht mehr als was die Augen sehen,
hört mehr als was die Ohren hören,
empfindet, erfährt mehr
als was ihm die Sinne vermitteln.
Er ist erfasst, berührt von Unsagbarem,
von Sinnen nicht Wahrnehmbarem –
zugleich sie einschließend,
sie erhöhend.

Sonnenuntergang

Die Sonne steigt hinunter,
sie senkt sich hinter den Horizont.
Man kann sie genau beobachten,
ihren Untergang mit ansehen.
Der Himmel färbt sich rot,
die Sonne schaut aus wie ein Feuerball,
der sich langsam hinab rollt ins Unsichtbare.
Die Wolken, wie Schafe anmutend,
leuchten in ihren orange-gelben Kleidern,
je näher dem Feuerball,
umso kräftiger ihre Farben,
die sich rasch verändern,
ebenso die Formen und Gestalten.
Die wenigen Vögel im Umkreis wissen
um das baldige Einbrechen der Nacht.
Sie sind schon unterwegs in Richtung ihrer Nester.
Er ist schön, so ein Sonnenuntergang;
Doch er hinterlässt Spuren der Melancholie.
Abendstimmung erweckt Wehmut in uns,
denn es ist Zeit des Abschieds.
Der Tag nimmt Abschied
- dieser Tag kehrt nie wieder zurück -
macht Raum der Nacht.
Es ist die Stunde, in der der Tag umarmt die Nacht
und die Nacht gibt dem Tag den Abschiedskuss.

Abendstimmung/Klagenfurt

Erhabenheit der Sonne

Hoch am Himmel stehend
Berührt sie alles
Sie berührt jeden
Von ihrer Strahlen-Berührung lebt alles
Doch niemand kann sie je berühren.

Sie beschenkt alle
Sie beschenkt jeden
Ihre Strahlen-Wärme befruchtet alles
Doch niemand kann sie je beschenken.

Sie sieht alles
Sie sieht jeden
Ihr Licht macht sehend
Doch niemand kann ihr je ins Antlitz blicken.

Die Sonne
Von jeher der Gottheit Sinnbild
Und ihr Gleichnis.

Im Sonnensystem

Die Erde umkreist die Sonne: ein Jahr
Die Erde dreht sich um ihre eigene Achse: ein Tag
Die Erde steht im starken Kontakt mit ihrem
Trabanten: Mond
Die Planeten: Merkur, Venus, Erde, Mars, Jupiter,
Saturn, Neptun und Uranus und Pluto unterhalten
Beziehungen untereinander → Aspekte in der
Astrologie → Konjunktion, Opposition,
Trigon, Quadrat, Sextil und mehr.

Ein Dreifaches ist zu sehen:
Umwanderung der Planeten
um ihren Mittelpunkt Sonne
auf je ihnen bestimmten Bahnen;
Drehung der Planeten um ihre eigene Achse
in ihrem je eigenen Rhythmus und Dauer;
wechselseitige Beziehung der Planeten
in unterschiedlichen Graden.

Offenbar waltet bei den Himmelskörpern
ein Dreiklang der Beziehungen:
zum Mittelpunkt des Systems: Sonne,
zu sich selbst: Eigendrehung,
zu den Mitplaneten: Aspekte,
und hält alles in harmonischer Ordnung.

Abendstimmung/Klagenfurt

Dreiklang der Liebe

Das höchste Gebot ist ein Gebot zur Liebe:
Liebe den Herrn deinen Gott
mit ganzem Herzen
mit ganzer Seele
mit all deinen Gedanken, Kräften.
Dies ist der Seele gesetzter Mittelpunkt.
Um diesen göttlichen Punkt
soll der Mensch kreisen
wie die Erde um die Sonne.

Der zweite Teil des Gebotes ist gleich wichtig:
Liebe deinen Nächsten
wie dich selbst.
Wenn der Mensch dies tut,
dann befindet er sich auf richtiger Bahn
mit richtiger Geschwindigkeit.
Dann entdeckt er seine eigene Werthaftigkeit
und Einmaligkeit
stets in Beziehung stehend
zu den Mitmenschen,
verschiedener Gaben und Aufgaben
in der nächsten Nähe sowie
der weitesten Ferne.

Auch hier ist von einem Dreiklang
der Beziehung die Rede,
einer Beziehung der Liebe,
die sich dreifach ausfaltet:

in Liebe zu Gott
in Liebe zu sich selbst
in Liebe zu anderen.

Schwanen-Paar im Züricher See

Junge Ziegen-Zwillinge/von Kerala

Das Sonnenlicht

Das Sonnenlicht ist niemandes Eigentum.
Niemand kann es besitzen,
noch kann es jemand festhalten,
noch weniger es wo einsperren.

Es erscheint und verschwindet
nach seinem Gesetz.
Es ist Gemeingut aller,
der Pflanzen, der Tiere, der Menschen
und aller Erdenwesen.

Jeder kann sich an ihm erfreuen,
ein jedes kann sich ihm zuwenden,
denn wir alle sind angewiesen
auf den holden Sonnenstrahl.

Ein neuer Schöpfungstag

Heute
ein neuer, einmaliger Tag
für mich
ein neuer, einmaliger Tag
für die Mutter Erde
ein neuer, einmaliger Tag
für den Onkel Mond
ein neuer, einmaliger Tag
für die Herrin Sonne
ein neuer, einmaliger Tag
für den Kosmos.

Jeder Tag,
ein neues, einmaliges Ereignis,
ein neuer,
einmaliger Schöpfungstag!

Wesentliches

Am Lendkanal

Gefühle

Gefühle sind wie Wolken
nehmen verschiedene Färbungen an
trüb und traurig
heiter und froh
beängstigend – zermalmend
aufbauend – erhebend

Gefühle sind real wie Wolken
unbeständig, wechselhaft wie sie.
Ein kleiner Windstoß
kann sie davon fegen,
ein Einfallslicht ins Gemüte
alles zur Klarheit bewegen.

Werde ein Beobachter deiner Gefühle
aber niemals ihr untergebener Sklave.
Werde ein spielender Betrachter
aber lass dich nicht von ihnen bestimmen.
Mache dich nicht abhängig
von ihren Wechselspielen,
die auftauchen und verschwinden
wie die Wolken am Himmel.

Wolken über Klagenfurt

Freiheit über Gefühle

Es ist nicht klug,
dich an etwas zu hängen
was leichter ist als du,
dich an etwas festzuhalten
was sich im Nu verändert,
sich auflöst.

Es ist deiner nicht würdig,
dich bewegen zu lassen
von stets Unbeständigem,
dich bedingt zu halten
von den Bedingtheiten.

Stehe vielmehr über ihnen,
denn über deinen Gefühlen
ist die Freiheit des Geistes
einfach und klar,
wie der blaue Himmel
über den Wolken.

Undankbarkeit

Ein Tier wird nie undankbar,
es erkennt seinen Lebenserhalter,
anerkennt seinen Ernährer.
Ob der Hund seinen Herrn im Haus,
ob das Rind im Stall hinter dem Futtertrog,
oder draußen auf der grünen Wiese,
sie sind dankbar bezogen,
auf den der sie mit Güte gezogen.

Der Mensch jedoch kann sich wenden
gegen den, der ihn zeugte,
gegen die, die ihn gebar,
gegen den, der ihn nährte,
gegen die, die ihn umsorgte.

Der Mensch kann sich stellen
gegen seinen eigenen Wohltäter
und ihm zum Feinde werden.
Er kann sich erheben
gegen seinen eigenen Schöpfer
und dabei selber Schaden nehmen.

Wahrheit macht frei

Die Wahrheit macht frei,
selig.
Sie enthält Glück,
Freude.
Sie schenkt Frieden,
Gerechtigkeit.
Sie teilt Erkenntnis aus,
Klarheit.
Sie schafft Einheit,
Gemeinschaft.
Sie verursacht Harmonie,
Wohlbefinden.

Die Wahrheit ist
ein ungetrübtes Licht.
Wo sie herrscht,
weicht die Finsternis,
hält Einzug selig die Wonne.

Hunger

Es ist schlimm, vom Hunger geplagt zu werden
und nichts zu essen zu haben.
Es ist furchtbar, vom Durst gequält zu werden
und nichts zu trinken zu haben.
Es ist schmerzlich krank zu sein
und kein Heilmittel zur Verfügung zu haben.

Schlimmer ist es keinen Hunger zu haben
obwohl man schwach ist.
Gefährlich ist es, keinen Durst zu verspüren
und der Körper austrocknet.
Gefährlicher wäre, wenn der Körper
die Fähigkeit des Schmerzempfindens verlöre.

Aber wehe dem, der geistig satt ist,
dessen Seele keinen Hunger kennt,
dem es innerlich nicht dürstet,
den es innerlich nicht schmerzt,
dessen Sehnsucht wie im
Dauer-Schlummer gefangen liegt.

Ursprung der Kraft

Woher kommt der Quelle die Kraft zu,
dauernd zu sprudeln?
Woher nimmt der Baum die Kraft,
sich bis in die höchste Spitze mit
Nährstoffen zu versorgen,
sie vom Boden empor zu ziehen?
Woher nimmt die Knospe die Kraft,
mit zärtlicher Geduld
sich zur Blüte auszufalten?
Woher nimmt das Saatkorn die Kraft,
die Hülle von innen zu sprengen,
zu neuer Pflanze zu erwachen?

Schau in dein Inneres,
horche deinen Atem-Rhythmus,
lausche deines Herzens stetes Schlagen.
Es ist dasselbe Kraft-Geheimnis,
das alles in seinen Händen hält,
das wirksam ist in der Quelle,
im Baum, in der Knospe, im Korn.

Auch du bist geborgen und gehalten
in diesem Kraftvoll-Geheimnis, göttlich.

Auf der Insel Mainau

Kleine Pflanze – Sehnsucht

Die Sehnsucht lebt in dir
wie eine kleine Pflanze.

Sie ist mit dir geboren,
in dich hineingelegt.

Will wachsen, größer werden,
will nicht bleiben ein Kümmerling.

Je größer die Sehnsucht,
umso näher deren Erfüllung.

Je inniger die Sehnsucht,
umso rascher eilt das Ziel ihr entgegen.

Je schwungvoller ihr Flügelschlag,
umso sicherer ihr ersehntes Ziel,
und ihr Ankommen.

Im Fluss Aare/Schweiz

Zwischenraum – Zwischenzeit

Ausatmen – Einatmen
begleitet von je einem Nichtatmen.
Zwischen dem einzelnen Klopfen des Herzens
gibt es eine Zeit des Nichtklopfens.
Die Uhr tickt im ihr bestimmten Takt,
wird unterbrochen vom Nichtticken.
Die Augen sehen die Dinge in ihrem Umfeld
unterbrochen vom Nichtsehen.
Sehen und Nichtsehen,
Öffnen und Schließen wechseln sich ab.
Die Musik ist ein Springen der Töne
von einer Note zur anderen
mit Zwischenzeit.
Auch im Denken gibt es einen Zwischenraum.
Dem Denken folgt ein Nichtdenken,
dem Nichtdenken das Denken
mit Zwischenzeit.

Beim tiefen Betrachten
entdeckst du überall
Zwischenraum und Zwischenzeit
in der großen Fülle des ewigen Seins.

Das Jetzt

Jetzt erlebst du, dass du bist.
Im Jetzt erlebst du dich selbst.
Jetzt erlebst du dein Selbst.
Im Jetzt erfährst du deine Verbindung
mit der Ewigkeit.
Im Jetzt erfährst du etwas,
was nicht in der Zeit ist.
Im Jetzt erfährst du dein Selbst
in der Zeit- und Raumlosigkeit.

Das Jetzt hat kein Wo oder Wann,
noch ein Wielange.
Das Jetzt hat kein Woher oder Wohin
noch Warum.
Das Jetzt ist einfach: ein I s t
ohne jeden Zusatz: ein Ist.
Es ist die Fülle,
völlige Konzentration.

Du kannst nicht festhalten

Nicht die Sonnenstrahlen
noch ihr Woher

Nicht den Wind
noch sein Wohin

Nicht die Schönheit der Lilie
noch ihren Duft

Nicht das Blatt an dem Baum
noch dessen Grün

Nicht die Wolken am Himmel
noch das Wann ihres Verschwindens

Nicht das Wandern des Mondes noch
sein Ab- und Zunehmen

Nicht die Regentropfen in der Atmosphäre
noch ihr Fallen

Nicht den Vogel in seinem Nest
noch seinen Flug in der Luft

Dies alles kannst du aber staunend bewundern
mit einem frohen warmen Herzen.

Rosen vom Klostergarten/Rosenheim

Lilien vom Klostergarten/Rosenheim

Wie stabil bist du?

Wie stabil bist du?
Eine einzige Stechmücke kann
dir den Schlaf rauben mit ihrem Gesurre.
Eine einzige Fliege kann dich
aus deiner Sammlung bringen
mit ihrer lästigen Fliegerei.
Ein unbeantworteter Gruß,
ein schiefer Blick des Nachbarn,
ein unbedacht ausgesprochenes Wort
kann dir die Heiterkeit nehmen,
in dir Bitterkeit und Groll aufsteigen lassen
wie Gewitterwolken am blauen Himmel.

Wie frei, wie stabil bist du?
Es ist besser, vor allem klüger,
dich nicht abhängig zu machen
von Unarten,
vom Unvermögen des anderen.

Ein ausgeglichener Mensch im reifen Alter/Kerala

Inneres Wissen

Du bist
Weder alt noch jung

Du bist
Weder groß noch klein

Du bist
Weder schön noch unschön

Du bist
Weder reich noch arm

Du hast nichts
Doch dir fehlt nichts

Du bist einfach
Einfach: Du bist!

Samipata Azhakathu

Geboren 1951 in Kerala/Indien in einer christlichen Familie, kam nach dem Abschluss der *high school* nach Österreich und trat in die Kongregation der Schwestern von Guten Hirten ein. Nach der ordenseigenen Ausbildung besuchte Samipata Azhakathu den Vorstudienlehrgang der Universität Wien in Mödling-Vorderbrühl, um den Nachweis der Hochschulreife in Österreich zu erbringen. Anschließend Besuch der Religionspädagogischen Akademie in Schwaz/Tirol und Abschluss mit Auszeichnung.

In den folgenden Jahren im Kloster Arbeit mit Jugendlichen – schulische und außerschulische seelsorgliche Betreuung (Religionsunterricht, Gruppenleitung im Heim, Marianischer- und Bibelkreis usw.) 1977 erhielt sie die Missio Canonica auf Dauer vom H.H. Erzbischof Karl Berg von Salzburg.

Auf eigenes Ansuchen bekam sie die Erlaubnis, einen eigenen geistlichen Weg nach indischer Tradition zu gehen (Yoga, Meditation…), verbrachte sieben Jahre als Eremitin in der Himalaya Region Indiens. Auf diesem Weg war Swami Matthias Vereno, ihr spiritueller Meister, eine unentbehrliche Stütze. Diese Zeit wurde auch genützt, um tiefer in andere Traditionen und Religionen einzudringen sowie Sprachen zu lernen (Diplom in Hindi und in Sanskrit).

1997 Rückkehr nach Österreich. Anschließend Aufenthalte in Italien und immer wieder auch in Indien.
Zurzeit lebt Samipata Azhakathu in Klagenfurt.

1. Auflage Juli 2017
Fotos: Samipata Azhakathu
Alle Rechte vorbehalten
©Paracelsus Buchhandlung & Verlag
Steingasse 47, 5020 Salzburg
www.parabuch.at
ISBN: 978-3-902776-25-9
Druck: KN Digital Printforce GmbH, Ferdinand-Jühlke-Straße 7, 99095 Erfurt